박영권 시조선집

계간문예

박영권 시조선집

| 시인의 말 |

시조 맛들이기

    우리 속담에 '등잔 밑이 어둡다.'라는 말이 있듯이 혹자는 우리 것을 무시하고 남의 것을 선호하는 경향이 있다. 우리 민족의 얼과 혼이 서려 있는 우리의 전통문학인 시조도 등한시되고 홀대받는 느낌이 들 때가 종종 있어 안타까운 마음 금할 길 없다.
    오히려 하버드대학교의 데이비드 맥켄(David McCana) 교수는 본 대학에서 시조를 강의하면서 2010년에는 〈도심 속의 절간(Urban Temple)〉 시조집을 출판하였고 지금도 문학포럼(시조)에서 자신의 시조에 대한 학문적 연구와 열정을 공유하려 하며 시조 보급에 힘쓰고 있다.
    시조는 우리 전통문화의 유일한 글이라는 것뿐 아니라 우리말 3·4조와 4·4조의 호흡과 음수, 운율에 맞아 소리 나는 대로 적어도 시 한 수가 된다.

또한 한글은 발음기관을 본떠서 만들어 쓰기 쉽고 익히기 쉬운 독창적이고 과학적이라고 세계적으로 인정받고 있지 않는가!

우리의 글인 한글로 고유 문학인 율격 있는 시조를 쓰고, 맛들이면 새로운 멋과 맛의 정취를 누리며 향유할 수 있을 것이다.

2021년 가을에
박영권

■ 차례

시인의 말 • 4

제1부 무명 깃의 끼

무명 깃의 끼 • 17
당신은 • 18
백내장 수술 • 19
그대 있음에 • 20
가을은 • 21
물레 • 22
접시꽃 • 23
햇볕정책 • 24
수평선 • 25
겨울눈 • 26
풍경소리 • 27
바이러스 계엄령 • 28
마스크 탈춤 • 29

여백 • 30
봄이 오는 길 • 31
마중물 • 32
하루살이 • 33
여우비 • 34
선물 • 35
찔레꽃 • 36
모정의 동심원 • 37
시간은 1 • 38
먹이사슬 • 39
빛여울 • 40
IMF 시대 • 41

제2부 꼭 그만큼

용서 • 45
시간은 빠른 것이 아니고 • 46
파지 • 47
꼭 그만큼 • 48
봄 치장 • 49
난 한 촉 • 50
한글 아라리 • 51
지성의 덫 • 52
텃밭자수 • 53
자화상 • 54
영원은 • 55
물오름달 삼짇날 • 56
녹차 한 잔 • 57
침선 • 58
상고대 • 60

길동무 • 61
어머니 등고개 • 62
시낭송 • 63
바람같이 살라네요 • 64
울엄마 봄을 캐신다 • 65
그 곳에 가면 • 66
석림의 군무 • 68
청솔 • 69
삼차원의 수채화 • 70
유모차가 끌고 가는 할매 • 71

제3부 너브내

화양강 • 75
수타사 계곡 • 76
워낭 소리 • 77
홍천강의 발원지 미약골 • 78
성황당 • 79
노동서원에서 • 80
홍천에는 • 81
대룡저수지 • 82
강재구 공원에서 • 83
터 • 84
은행나무 숲 • 85
너브내 사랑 • 86
육탄용사 충혼탑 • 88
홍천성당 • 89
동창東倉의 메아리 • 90

고인돌 • 91

며느리 고개 • 92

팔봉산 • 93

두개비산 등산로 • 94

유년의 강 • 95

너브내의 여심 • 96

홍천 인삼 • 97

무궁화 고을 • 98

혼불 • 100

우리 집 소묘 • 101

제4부 조롱박

밤마다 초승달은 • **105**
옥수수 • **106**
조롱박 • **107**
줄다리콩 • **108**
2관왕 • **109**
가을 길 • **110**
까치 소리 • **111**
너랑 나랑 시조랑 • **112**
아가랑 엄마랑 • **113**
다문화 가족 • **114**
고추잠자리 • **115**
도토리 • **116**
하지와 동지 • **117**
나무야, 왜 서 있니? • **118**
지우개로 지워야지 • **119**

무지개 비밀 • 120
풀들의 발자국 • 121
밤송이 알밤송이 • 122
언니랑 나랑 • 123
걸림돌 • 124
내 이름 • 125
달님의 컴퍼스 • 126
씨알 • 127
공놀이 • 128
민들레 • 130
꽃밭 일기 • 132

해설
테제의 선함과 친밀한 문체를 탐구하는 시학 • 133
— 한분순 한국시인협회 이사

제1부
무명 깃의 끼

무명 깃의 끼

백의의 도포 자락
얼이 스민 무명의 깃

깃 세운 시의 한 수
3장 6구 정형의 묘

신들린
무명 깃의 끼
라온제나* 신바람

*라온제나 : 즐거운 나

당신은

애면글면 쌓인 정
주름살로 흐른 연륜

둘이면서 하나로
서로를 닮았는지

어느새
당신의 모습
또 하나의 내 얼굴

백내장 수술

망막 커튼 드리운 백내장을 거두어

한눈에 행과 연이 줄줄이 박혀 와도

혜안은
반쯤 눈을 떠
여전히 오리무중

그대 있음에

이별의 끝자락은
만남으로 돌아오고

생사의 갈림길은
이정표도 없다는데

내 사랑
그대 있음에
이 마음 천국일레

가을은

단풍은 능선 타다
수직으로 곤두박질

철새들 떼를 지어
떠날 준비 부산한데

가을은
여우비처럼
빨, 주, 노, 초, 내걸었다

물레

세월 잣는 물레질
나이테에 감기고

날줄 씨줄 엮어서
필로 펴는 삶의 무늬

결 세운
다듬이 소리
마름질한 치마폭

접시꽃

시골 장터 파장에
널브러진 빈 접시

긴 긴 여름 한나절
허기진 배 달래준

새봄의 길손을 위한
씨로 남은 밑반찬

햇볕정책

안개의 연막탄 속
군사훈련 연습인가
냉랭한 줄다리기
미사일로 위협하나

해님은
바시시 씽끗

햇볕정책
휴전 중

수평선

하늘의
저울대로 균형 잡힌 수평선
심연의 늪에서
허망으로 번진 평정
바다는
불면의 반란
멍든 가슴 흐느낀다

겨울눈

잎이 진 나뭇가지
알몸의 겨울눈은

앙상한 요람에서
새봄을 싹 틔우려

숨죽여
망을 보다가
튕겨 나온 눈망울

풍경소리

언젠가 달아놓은 아스라이 걸린 풍경

바람 샘 울어 젖힌 목울대의 아리아여

잔잔한 일상을 깨운 청아한 풍경소리

바이러스 계엄령

코로나 바이러스
계엄령 선포로군

병마의 포로가 된
확찐자 집콕둥이

입 막고
등 돌린다고
해제될까,
계엄령!

마스크 탈춤

남몰래 살 찌워 논 코로나 바이러스
혼절한 지구촌을 설치며 우롱하니
어쩌다
마스크 탈춤
악령 후린 살풀이

여백

다 털고 난
늦장마 추녀 끝의 낙숫물

하염없이 댓돌 뚫는
속절없는 그 소리

소르르 눈이 감기는
고즈넉한
흰 여백

봄이 오는 길

넉넉한 햇살이 봄을 풀어 뿌리니

햇살 한 줌 꽃씨 숨겨 나비 등에 실어 놓고

단비의
안내 받으며
뒤안길로 오네요

마중물

미련마저 덮겠다고 약속이나 한 것처럼
애증과 희비의 경계 그마저 허물더니

마중물
한 바가지로
길어 올린 네 마음

하루살이

가로등에 몰려든
하루살이 날갯짓
빛살을 따라선가
사랑을 찾아선가

황홀한 찰나의 행운
단 하루의 긴 생애

여우비

채널이 교체되어
땡볕 속에 여우빈 듯

물가 안정 타령(?) 하다
솟은 물가 서민 울려

물가도
여우비인 양
예보 없이
치솟네

선물

고고의 성 울리며
빈손으로 태어난 몸

내 삶의
에움길에 벅찬 나날 만났어도

오늘을
누릴 수 있음은
위로자의 최고 선물

찔레꽃

댕기머리 뒷모습만
바라보던 시냇가
고향의 찔레향이
코끝을 스미는데
너 떠난
징검다리엔
물소리만 애달파

모정의 동심원

시련의 연자매로
허기진 독을 채워

석새삼베 풀 빗질로
가온길 함께하는

가없는
모정의 끈은
눈금 없는 동심원

시간은 1

세월의 등에 업혀
채찍을 말아 쥔 채

숨 가쁘게 내달린들
시간을 앞설 손가

시간은
빠른 것이 아니고
쉬지 않을 뿐이다

먹이사슬

꼬리에 꼬리를 문
네 탓 내 탓 탓잡는
하늘 가린 손바닥
마찰음만 피장파장
기만의 어지럼증이
조리질한 먹이사슬

빛여울

마르지 않는
영천 샘터
척야산을 감돌고

바람 한 점 없어도
출렁이는 빛여울

도원정
민낯의 달빛
천상낙원 부럽잖네

* 홍천 문화수목원 도원정 게시

IMF 시대

세계화의 바람결에 도포자락 펄럭이다
IMF 돌부리에 곤두박질 치고 보니
벼랑 끝 낭떠러지를 가늠할 길 없구나

* 1998년 〈샘터〉에 투고한 첫 작품, 서벌 시조시인께서 뽑아주심

제2부
꼭 그만큼

용서

한 올의 매듭 얽혀
옹이로 남은 상처

몸과 맘 압박하는
뒤얽힌 자승자박

그 사슬
끊어버리는
내 자신의
비상구

증오로 찌든 감정
아집스런 응어리

또 하나의 제 허물
누더기 벗어던진

용서는
어렵고 값진
나에게 주는 선물

시간은 빠른 것이 아니고

시간의 길목에 장승 하나 세워 놓고

내 안의 잣대로 빠르다 탓하지만

시간은
빠른 것이 아니고
쉬지 않을 뿐이다

바쁘다는 성화에 고삐 풀린 일상이

저만치 앞서가며 시나브로 부르는

빗겨 간
세월의 노래
도돌이표도 없을 터

파지

논밭의 가라지를 일일이 고르면서
곳간에 채워 넣을 알곡만 남기려도
행간과 이랑 사이엔
잡초만 무성하고

음수로 보식하고 음보로 다독여서
고른 숨 장단 맞춰 가락에 취해 봐도
온 밤을
지새운 새벽
수두룩한
파지
파지

꼭 그만큼

낮추면 낮출수록
깊어만 가는 물길

흘리고 흘렀어도
넓어만 지는 강물

베푸니, 베푼 그만큼
깊고 넓은 사랑아

채근하지 않아도 제 곬으로 흐르고

굽이친 여울 물길 엉킬 줄도 모르나

찬만큼 비우려 드는 한결같은 그 사랑

봄 치장

마른 풀잎 사이로 세상 밖 엿본 새순
꽃샘추위 시샘에 오금도 못 펴더니
밤새껏 꽃비로 치장, 화사한 봄의 얼굴

봄볕은 슬금슬금 덧칠하며 따르고
짙푸른 풀 향기도 너울로 출렁이며
색색이 빛 부신 선율 귀를 밝힌 하모니

난 한 촉

양보할 줄 알기에 비굴하지 않은 기상

수직보다 사선으로 맞잡아 조화 이룬

난 한 촉
역삼각형의
심지 굳힌 안정법

휠 듯 곧은 기품으로
한줄기 촉을 세워

난풍의 선율을 탄
우아한 꽃잎 날개

한 마리
날아오르는
학인 듯 꽃잎인가?

한글 아라리

겨레의 얼이 스민 음절의 마디마다
안다미로* 사랑이 샘솟는 스물넉 자
한글이
간직한 신비
표현 못 할 말 없잖아?

정과 한 서리서리 굽이치는 아라리
세기의 문화유산 자음과 모음조화
온 누리 펴고 또 펼쳐 시공을 넘나들 터

* 안다미로 : 담은 것이 그릇에 넘치도록 많이

지성의 덫

형설의 공으로 바벨탑을 쌓아놓고
지성의 숫돌에다 망나니 칼을 갈아
날이 선
작두 위에서
살을 풀다 찍힌 발등

원전의 봉에서는 독화살을 쏘아대고
땅은 곪아 터지고 쓰나미는 쓸어내며
건방진
오만의 불똥
부도난 지성의 덫

텃밭자수

봄볕의 텃밭자수 한 땀 한 땀 수를 놓는
십자수 햇살 시침 이랑도 본도 없이
빛타래 스친 곳마다 천연을 담은 화폭

보슬비 풀어헤친 바늘귀 색실 끝엔
올올이 형형색색 꽃향기로 물 들이며
땡볕이 흘린 땀방울 사각 수틀 메운다

뿌리의 뚝심에서 줄기의 야심까지
농심의 열매에서 여심의 숨결까지
눈부신 빛의 성찬은 생을 짓는 박음질

자화상

볼우물의 미소에 덧칠하는 흑색 모반
흘림체로 그어 넣은 미간의 골진 붓질
아직도 못다 그린 채 주름살로 남은 생

허기진 내 영혼이 낙숫물에 밤잠 설쳐
맺을 듯 맺지 못한 마지막 싯귀* 한 줄
어쩌나 못다 이룬 꿈 설레임만 사름사름

*싯귀 : 시구의 비표준어

영원은

아득히 먼 옛날도 까마득한 훗날도
순간으로 이어지는 찰나의 파노라마
영원은 멀고도 가까운 순간의 연장일 뿐

순간의 긴 그림자 영원으로 다가가고
촌음의 등에 실려 시나브로 다가오는
오늘은 삶의 프리즘 전 생애의 최 정점

물오름달 삼짇날

물오름달 삼짇날 진간장 담그려고
어머니 하시던 대로 정화수 바쳐 놓고
빈 단지
오지항아리
우리고 또 우려도

한평생 장독대를 성전같이 섬기시며
한 줌의 소금 맛을 잃지 않던 올곧음이
한 가득
넘쳐흐르는
어머니의 땀 내음……

녹차 한 잔

소소한 바람도
잠재우는 녹차 한 잔

청아한 하늘보다
더 맑은 조요로움

내 작은
옹달샘에서
순수 긷는 표주박

널브러진 흔적 속에
염천을 품고서도

비움空의 풍요로움
만끽하는 여유로

푸른 뜻
무형의 실체
녹차 향이 주는 일침

침선

바늘겨레 실타래가
침선 판에 놀아나니
세요각시* 보금자리
가시버시 사랑으로
청 홍 실
엮어낸 사랑
봉황 되어 날으네

교두각시* 춤사위엔 인화부인* 장단 치고
울낭자* 나래 짓에 묻어나는 자주끝동
깃 아래
살포시 앉은
다소곳한 옷고름

공그르기 휘몰이에
소매 자락 흥겨우나
늘어진 치마폭에
수줍음을 감추고
버선 코

긴 목 늘여서
임을 맞아 나선다

*세요각시 : 바늘
*교두각시 : 가위
*인화부인 : 인두
*울낭자 : 다리미

상고대

극한의 한파 속에 동장군이 겨우내
설향의 가지마다 영롱한 사랑 빚어
고운매 순수의 넋인 양 피어난 상고대

여명의 빛줄기가 냉가슴을 태우며
매 순간의 비경은 찰나의 빗살무늬
흔적을 남기지 않는 환희의 시린 미소

길동무

세월의 안주 속에 일탈로 만난 시조
늦깎이에 버겁고 낯설었던 시숲의 넋
언제나 그 자리에서 새로운 싹 틔우리

시어가 보채서 새로운 나 찾아내며
보습으로 갈고 닦아 이랑마다 함께 가는
온전한 삶의 전환점 새로 만난 길동무

어머니 등고개

내 굽은 등이 걷는 어머니 등고개
이순부터 낫자루만큼 굽으셨던 허리
지팡이 의지할 겨를 없던 곡진한 삶

늦게나마 다다른 휘어지는 고갯마루
자지러진 아픔을 전율로 느낀다
그 고개 힘겹게 오르며 사무치는 어머니 ……

시낭송

여리디 여린 풀잎 붓끝을 세웠다
언 손을 호호 불며 딱딱한 흙먹 갈아
실바람 일필휘지로 삼장 육구 시 한 수

산기슭 골골마다 시를 읊는 바람 숲
빛부신 문장 속에 음절마다 싱그러워
낭창한 꾀꼬리 낭송 메아리의 환호성

바람같이 살라네요

시린 땀을 온몸으로 씻어주는 마파람
소리 없는 칭찬으로 풀들을 춤추게 한
무소유 바람결 따라 흔적 없이 살라네요

향긋한 냄새나 요염한 색깔 있나요?
맨손으로 민들레 홀씨 실어 나르며
생색도 낼 줄 모르고 마냥 펴는 은총의 샘

오만하지 않아서 그림자도 안 남기고
온 누리를 종횡무진 누비는 신바람은
자유론 것이 아니라 얽매이지 않았을 뿐

보호색이 없어도 드러나지 않아요
비구름이 보채도 서두르지 않고요
한 가슴 가득 찬 바람 남김없이 살라네요

울엄마 봄을 캐신다

흰 눈발이 나부껴도 아랑곳하지 않고
살그래 움틔우는 여린 뿌리 아린 달래
톡! 쏘고 맵싸한 봄맛 혀끝에서 감돌아

해마다 이맘때면 찬거리 궁색할 때
허기진 밥상 위에 일등공신 달래무침
울엄마 캐 오신 새봄 그 향기에 취하다

그 곳에 가면

마추픽추
공중의 누각인 양 하늘 아래 첫 동네
안데스산 산마루 석림의 성 마추픽추
태양의 에덴 내몰린 잉카 흔적 어드매

돌층계 틈틈 새로 생명수가 흐르고
자연을 곧추세워 바벨탑을 쌓으려던
인간은 오간데 없고 돌담길만 여전해

피에타(Pieta)
천국 열쇠 손에 쥔 듯 대희년 이천 년에
성 베드로 성당의 피에타상 앞에 서다
분신을 상실한 아픔 뉘 설음에 비하리오

아픔만큼 성숙하게 자비를 베푸소서
성모님 비탄 속에 세상이 구원받고
내 안의 피에타상에 피어 올린 사랑초

몽생미셸
바다 위로 솟아 오른 위압적인 바위 곡선
수도자의 기도처요 백년전쟁 감옥으로
벽 하나 사이에 놓고 들고 나고 시비 얽혀

밖에서는 안으로 들어가려 듣보는 자
안에서는 밖으로 나오려고 노리는 자
선과 속 넘나들었던 프랑스의 자존심

물의 도시 베네치아
나폴리의 정착한 크루즈의 카페에서
찻잔을 마주 놓고 친구와 바라보는
잔잔한 물이 괴고 선 물의 도시 베네치아

우리가 육지에서 크루즈를 보는 느낌
뱃고동 울리면서 떠날 듯 떠나갈 듯
그 누가 선상 위인지 분간 못해 어리둥절

석림의 군무
– 금강산 만물상

각선미 자랑하는
빼어난 미인봉

눈부신 수정봉
고고한 독선암

저마다
속살 드러낸
일만 가지 포지션

까치발로 곤두선 우아한 발레리나
총총걸음 알레그로
뛸 듯 날 듯 솟은 석림

만물상
출렁거리고
갈채 소린 능선 넘고……

청솔

살포시 내려앉은 가을볕에 비상 걸려
가지마다 물들이는 소슬바람 허리 휘고
철새는
순례길 따라
공중의 오체투지

세월의 무게를 괴고 있는 바위틈에
계절의 유혹에도 제 모습 변치 않고
단심의
산조 읊으며
생불로 선 저 청솔!

삼차원의 수채화

잔잔한 강물 위에 산 그림자 드리웠다

물고기는 산속으로, 산새는 자맥질로

강심과
잘 어우러진
삼차원의 수채화

갑자기 날아든 백로의 나래짓

산 하나 띄어 놓고 비껴 간 아침 햇살

흰 여울
찰랑거리며
덧칠하는 입체화

유모차가 끌고 가는 할매

삶의 무게 곱사등이 유모차에 의지하여
허기진 끼니 때울 고의춤이 실룩대는
할매의 고단한 생을 끌고 가는 유모차

뒤꿈치 꺾인 신발 갈지자로 비척비척
흐트러진 성근 백발 거리가 늙어간다
뒤돌린 내리막 비탈 빠르게도 구르네

최최한 그 모습에 모두가 등 돌려도
주인 잃은 아기차는 발품으로 함께한다
언제나 도우미 자칭 은발의 길라잡이

제3부

너브내*

*너브내 : 홍천의 옛 이름

화양강

너브내 골바람결 사랑에 빠진 숲 속
남산의 산그리매 수심에 졸고 있다
갯돌 위 백로공주님 나래를 필동말동

미풍에도 잠 못 드는 소스라친 갈대숲
징검다리 건너서 그 누가 오려는가?
화양강 푸른 달빛이 까치발로 흐른다

수타사 계곡

천 년 고찰 수타사 용마루의 청기와
짙푸른 청솔 아래 사리로 남은 부도
세조비 황후의 태가 묻혔다는 골짜기

사바와 신의 세계 경계에 선 삼신각
다람쥐는 경내로 들둥말둥 갸우뚱
노승의 독경 삼매경 취해있는 한나절

수타사 산소길에 돋아 난 시어들
돌을벋 싱그럽게 알알이 맺힌 윤슬
글 고운
시숲 메아리
풀붓 끝에 담긴다

공작이 날개 펼쳐 오를듯한 공작산
산세 따라 흐르는 실개천의 노랫가락
휜 굽이 청산유수 따라 이어지는 수채화

설악을 뺨치는 빼어난 비경이오
녹음은 너털웃음 속삭이는 벌레 소리
나 또한 한 줄기 바람 솔숲을 스쳐가네

워낭 소리

논인지 두렁인지 분간 못할 다랭이 논
이랴, 워~워~어뎌~뎌~, 써레질의 워낭소리
너브내* 뒤안길 따라 아슴한 고향 소리

마릿소의 멍에를 다독이는 소몰이
샘밭*에 올라서라 이랴, 이랴, 돌아가라
호릿소 단짝의 장단 밭갈애비 사랑가

*너브내 : 홍천의 옛 이름
*샘밭 : 홍천읍 와동리 옛 이름

홍천강의 발원지 미약골

홍천강 400리를 몰고 가는 바람잡이
처녀림 속곳 바람 넋 잃은 삼복더위
골바람 말아 쥔 채찍 채근하는 원천수

누리봄* 술렁이면 살가운 초록 물결
건들마 설레이며 농익은 금빛 정취
너브내 생명의 태반 샘이 솟는 미약골

천심의 청정수는 산천어 둥지 틀고
널브러진 너래바위 폭포수 내뿜으며
귀 밝힌 잔 벌레 울음 고고의 아성인 듯*

* 누리봄 : 세상을 봄처럼 늘 희망차게 가꾸라

성황당

동구 밖 마을 어귀
당산堂山나무 지날 때

청 적 황 백 흑 오방색
바람 소리 스산하고

마을 터
지켜준다는
서낭신을 모셔둔 곳

정초에 택일하여
서낭제 올려 줘도

머리끝이 쭈뼛하고
등골이 오싹하여

걸음아!
날 살려 다오
줄달음질치던 길

노동서원에서

'해동공자'로 불리는 최충 선생님
사교육 원조인 부자父子를 모신 노동서원
강원도 지방문화재 510호와 511호

그 정기 이어받아 인재를 배출하니
제헌의원 이재학 부의장과 3부자父子 의원
국가의 백년대계가 뿌리내린 못자리

홍천에는

금학산에 오르면 태극문양 전개되고
태초부터 너브내 400리 홍천강이
골골이 감돌아 흘러 풍요로운 강원 홍천

천년사적 수타사 월인석보* 간직하고
물걸사지 석조대좌* 통일신라 자존심
그득한 문화유적지 보고의 고장이죠

푸짐한 인정 알알이 박힌 찰옥수수
늘푸른 홍천한우 고소한 홍천의 잣
일품인 홍천 먹거리 메밀 총떡 매콤 얼큰

* 수타사 월인석보 17~18권 보물 제745-5호
* 물걸사지 석조대좌 보물 544호

대룡저수지

구절산 계곡 아래 푸르른 대룡저수지
장끼와 까투리는 짝을 찾아 맴돌고
이른 봄 둑방길 따라 농심을 재촉하네

겨울에는 청둥오리 떼를 지어 노닐고
잉어와 메기의 자연 생태 수족관으로
화계리 생명의 탯줄 사계절이 영근다

강재구 공원에서

월남 파병 훈련 중 수류탄 투척 실수
온몸으로 끌어안고 산화한 강재구
영원한 대한의 아들 그대의 하늘 길은
죽음은 착각이오, 영생의 길이였소
지지않는 꽃으로 연연이 피어나는
거룩한 살신성인의 대명사인 강재구

터

명개리* 벽계수로 귀소본능 따라 나선
청정의 칙소*에서 유영하는 열목어*
유선형 천연기념물 그곳에서 만난다

모천의 향수어린 낯익은 숙명의 길
거친 물결 거슬러 숨 가쁘게 다다른 곳
처절한 사랑의 몸짓 목숨 바친 그린내*

* 명개리 : 홍천군 내면 열목어 마을
* 칙소 : 열목어 서식지인 홍천 내면 광원리에 위치한 소
* 열목어 : 천연기념물
* 그린내 : 연인의 우리 말

은행나무 숲
― 광원리 은행나무 숲에서

남편과 휠체어로 함께 갔던 꿈의 숲
샛노란 은행잎, 잎
해맑아 애처롭다
올해도 노란 손수건 내걸고 기다리나

임 그림자 따라서 다시 찾은 그 숲길
하늘의 문을 연 흰 미사보 레이스로
무채색 판타지 가락 무성음의 아니리*

* 아니리 : 판소리에서 소리와 소리 사이에 가락을 붙이지
          않고 이야기하듯 줄거리를 설명하는 부분

너브내 사랑

1
공작산 자락이 품어 안은 너브내
화양강 물길 속엔 황금송어 금빛축제
옥수수 알알이 영근 속정 깊은 이웃사랑

며느리 고개에선 까치*소리 전설 읊고
한서*의 무궁화, 동은*이 일군 글밭에선
날마다 새 전설 쓰기 온 동네가 들썩들썩

홍천은 녹슬지 않은 청정의 보루로서
자연과 인간이 어우러진 신비의 고을
그 보다 후덕한 인심 뉘라서 따를 손가

2

난시대 의병의 정신적 지주이신
화서 이항로의 발길을 머물게 한
홍천의
삼포리 비경
산과 들의 중용의 미

높도 깊도 않으며 넓으디 넓은 냇가
마음이 넉넉하여 오순도순 정겨운 곳
오가던 길손의 발길 머무르는 안식처 *

* 까치 : 홍천군 새
* 한서 : 남궁억 호
* 동은 : 이재학 국회의원 호

육탄용사 충혼탑*

1
평화로운 강산을 핏물 들인 6·25
맨몸인 살신성인 조국 지킨 육탄용사
의분의 그날에 충정 어찌 우리 잊으리

2
말고개 육탄 용사 추모비 찾아 헤맨다
군부대 철조망에 참배 절차 더 힘들다
충혼탑* 역사의 현장 과대포장 아닌가

* 충혼탑 : 충혼을 기리는 탑

홍천성당*

옹기골 산비알엔 여명의 오솔길
1923년 6월 21일 음력 5월 8일
너브내 중부지역의 모태인 홍천성당

송정리에 뿌리내린 신앙의 겨자씨가
당신이 마련하신 희망리 마지기로
복음의 그 마중물로 길어 올린 사랑의 샘

선악이 갈마드는 은총의 통로 지나
신심의 보습으로 일궈놓은 이랑마다
연연이 십자나무에 새싹이 돋아나고

성전을 고이고이 괴고 있는 숯을 종탑
성스러운 종소리는 말씀으로 생생한 곳
홍천의 등록문화재 162호로 선택된 유산

* 홍천성당 : 문화재청 등록문화재 제162호

동창東倉*의 메아리

척야산 자락의 도도한 용호천은
동창의 심장이요 역사의 증인으로
독립의 기미년 함성 굽이마다 전한다

덕원길* 꽃물결을 뉘라서 곱다 하나?
질곡의 세월 속에 한이 서려 사무친
잃었던 조국의 설움 당신의 숨결이요

막바지 담금질로 짙어진 비경인 들
암울했던 그 시절에 피맺힌 절규이니
척야산 풀뿌리마다 민초의 함성일레

* 동창東倉 : 강원도 홍천군 내촌면 물걸1리 동창마을
　　　　　기미년 3·1만세운동 때 숨진 8열사 정신이 서려있다
* 덕원길 : 기미독립만세 운동 당시 김덕원 장두의 길

고인돌*

생사의 갈림길을
침묵으로 대변하며

세월 속에 묻힌 줄로 착각하지 말라는 듯

그날의
생생한 모습
증인으로 누웠네*

* 고인돌 : 강원도 기념물 56호 군업리 지석묘군

며느리 고개

꼬불꼬불 외톨아진 나귀타고 넘던 고개
산짐승 산적들이 대낮에도 활보하니
며느리
친정나들이
불귀객 된 산마루

그 후론
신행길은 금기라 피해가던
하마下馬로 꼬부랑길
관통한 홍천의 관문
새 전설
엮어 나아갈
문명의 바로미터

팔봉산

팔봉의 산수화가 병풍을 갈아 치듯
봄 여름 가을 겨울 계절을 바꿔가며
묵묵히
한자리 서서
흘려보낸 세월 따라

골골마다 찾아든 첩첩계곡 옥수의
물돌이*河回 돌고 도는 별빛의 소야곡이
대지를
잠재우면서
그 세월을 지킨다

*물돌이 : 물굽이의 우리말

두개비산 등산로

델포이의 옴파로스 세상의 중심이라면
강원도의 중심지 국토의 사통팔달
홍천읍
희망진리길은
생기 돋친 출발지

물총새와 청둥오리 철 바꾸어 즐기는
화양강 잔물결은 심성도 빗질하고
조붓한
두개비산 길
칸트의 후예 사색로

유년의 강

가파른 내리막길 남산만을 담고 있는
화양강 노을빛이 짙게 드린 산 그리매
회억의
물길 따라서
맴도는 유년의 강

여름철 아이들의 벌거숭이 놀이터인
노천탕 사미정은 제방 둑에 묻혔어도
빨래터
방망이 소리
쟁쟁하다 여전히

너브내의 여심

최승희의 춤사위가 가슴 속 한삼 풀어
디딜방아 장단에 송송 솟는 땀방울
흙의 딸
슬기의 손길
너브내의 여심이여

물 묻은 행주치마 맨발로 뛴 종종걸음
사십 주년 강원체전 전국에 띄워 놓고
세계의
동계올림픽
성화 밝힐 디딤돌

홍천 인삼

위풍이 당당한
왕자님이 기세이니

기상이 묻어나는
명약 중 영약이라

양손에
장검을 잡은
건강지기 홍천 인삼

경제의 주춧돌
기력의 지팡이요

천군만마 원군보다
한 뿌리의 효력으로

너브내
자존심 지킨
믿음직한 우리 인삼

무궁화 고을

1
무명 자락 묻어나는
백의 향기 그윽하고
비바람 몰아쳐도
의연한 기상으로
영혼의 심지를 돋운
길찬 삶의 혼불이여

한서의 얼이 서린
사랑과 미쁨의 터
보리울의 불씨 지펴
시대의 횃불 밝힌
배달의
세찬 모닥불
타오르는 저 불길

2
겨레의 한이 맺힌
8월의 무궁화
역사의 톱니가
씌워 논 올가미를

설음의 삼베 옷깃이
사르고 밝힌 새 빛

눈이 부시도록
가지마다 찬란한
가슴이 시리도록
상큼한 향내음이
광복의
열망으로 핀
환희의 그 함성

혼불

너브내 푸른 정기 서려 있는 예제서

세기의 무희 최승희의 태 버린 곳이 남면 제곡리 244번지란 말 못 들어 보았우? 해방 공간에서 백범 김구와 함께 남북협상의 주역이었던 우사尤史 김규식金奎植선생의 본적이 화촌면 구성포리란 말은 알고 있는교? 석기시대 유물이 동창의 물걸리, 북방면의 중화계리에서 파헤쳐지듯이 근세의 거목이 들먹이고 있음이니 그 누가 강원도를 감자바위라, 암하노불巖下老佛이라 한단 말이오? 뱃재고개 박정열 여사의 위령탑 앞에서 한 꺼풀 옷자락마저 벗어 딸자식 감싸주고 동사한 모정이 애처로워 구슬피 우는 산새소리 들리지 않소? 보리울 한서의 얼이 골골이 피어나고 기미년 팔렬사의 혼불이 민초로 연년이 새움트니

너브내
애국 충절의
무궁화 고을이라오

우리 집 소묘

햇볕도 졸고 있는 고즈넉한 반나절

단조의 뻐꾸기 울음소리 심금을 울리고, 오늘도 소소한 일상 속으로 깊어만 간다
 참새들 떼로 몰려와 똥도 싸고 모이도 먹고 때까치, 산비둘기 덩달아 날아드는 텃새들의 도래지. 호랑나비, 공작나비, 신선나비들이 일벌들과 다투어 군무로 휘몰이 장단을 연출하는 중. 초봄에는 달래, 냉이, 민들레, 사월 되면 망초, 진달래, 가정의 달 오월이면 남편이 좋아하는 목단, 멋진 그러데이션의 붓꽃이 만발하여 선물하기 바쁘다. 해돋이엔 해바라기, 해넘이엔 달맞이꽃 피고 지는 우리 집 정원은 풀밭인 듯, 꽃밭인 듯 가지마다 시를 쓰고 날개마다 붓을 드니

나 또한 한줄기 잡초 푸른 시를 쓰려나 ……

제4부
조롱박

밤마다 초승달은

밤하늘에 별을 캐는
날 선 호미 한 자루

밤마다 금강석을
흩뿌려 놓더니

모난 달
닳고 닳아서
둥근달로 떴나봐

옥수수

돌격 명령 받고서 자세를 갖춘 듯이
먼산주름 이랑에 늘어선 저 병정들
수류탄
양옆에 차고
적진으로 뛰어든다

골목 시장 사격 개시
팔방으로 튀는 팝콘
후각을 자극하는
소리, 소리
팡
펑
뻥

고소한
장날의 알짬
평화의 폭죽이다

조롱박

올망졸망 조롱박
서로를 닮아가며

대롱대롱 맞잡고
끌어주고 밀어주는

우리는
정다운 친구
오롱조롱 내 동무

줄다리콩

울타리 줄다리콩
바깥세상 궁금해서

덩굴손 휘어잡고
한 팔씩 성큼성큼

울 너머
골목 삽사리
꼬리 치며 반기네

바람이 끌어내도
줄타기 선수인 양

넝쿨 섶 타고 올라
하늘 향해 손짓 하죠

결승선
1, 2, 3 등은
해님이 결정해요

2관왕

숫다리 메뚜기가
너비 뛰기 선수라고

벼 포기를 건너뛰다
벼 이삭에 간당간당

이제는
턱걸이선수
2관왕이라 뽐내요

가을 길

탱글탱글 탱 태글 가을 길은 열매의 길
알밤과 도토리가 멀리 뛰다 엉덩방아
감나무 떫은 땡감도 달달하게 영글지

실국화 쑥부쟁이 때늦은 꽃길 되어
갈바람 노랑 빨강 물감을 풀어 놓고
푸르른 가을 하늘엔 호수 하나 띄웠지

까치 소리

오늘따라 은행나무
　　까치 소리 요란하다
까치네 어미 까치
　　생일상을 차렸나
　　　　깍
　　　깍
깍
먼 친척들이 예서, 제서 왔나 봐

소란스런 그 소리에
앞, 뒷집 아주머니

행주치마 벗어 들고
사립문에 서성인다

반가운 손님 오시려나
온 동네가 설렌다

너랑 나랑 시조랑

시조야 같이 놀자
3장 6구 12음보

말과 글이 함께 뛴다
우리 문화 달려간다

민족 얼
깃들인 유산
너랑 나랑 시조랑

아가랑 엄마랑

엄마는 해종일 아가 곁을 맴돌다
당기면 팅겨오는 사랑의 용수철
아가는
엄마보다도
무척 힘이 센가보다

아가 사랑 엄마 마음, 엄마 사랑 아가 마음
찡긋하면 눈물 글썽
생끗하면 웃음 가득
덩달아
웃고 울면서
행복의 꽃이 핀다

다문화 가족

앙증맞은 채송화 키다리 해바라기
연분홍 봉숭아 샛노란 달맞이 꽃
저마다 고운 얼굴들 다문화 가족이지

길쭉길쭉 오이도 둥글둥글 호박도
매콤한 고추도 새콤 달콤 피망도
제 맛들 서로 뽐내는 다문화 밥상이죠

고추잠자리

깨끼 갑사 비단결
잠자리 날개 옷

걸치나 마나 한
다 비치긴 마찬가지

창피해, 고추잠자리 온몸 붉힌 체면둥이

도토리

도토리는 모자만 쓴
벌거벗은 임금님

입은 둥 벗은 둥
도토리 키 재보기

제멋에 겨워 산다고
으스대는 당찬 삶

하지와 동지

낮과 밤이 가장 긴 동지님과 하지님
줄다리기 영차, 영차
밤낮으로 영차, 영차
기나긴 밤낮을 위해
해님 달님 의~싸, 의~싸

땡볕 쨍쨍 여름에는 하지님이 끌고 가고
추위 꽁꽁 겨울 되면 동지님이 이기지요
상품은 무얼 받을까? 정말 정말 궁금해

동지에는 단팥죽 하지에는 팥빙수
붉은 팥죽 문설주에 악귀들을 쫓고요
팥죽엔 새알옹심이 팥빙수엔 얼음 동동

나무야, 왜 서 있니?

나무야,
왜 서 있니?
다리 많이 아프지

"나무는 서 있는 게 아니라, 자라는 거야"

튼튼한
하늘바라기
자라면서 쉰단다

지우개로 지워야지

남·북 정상 손잡고
남쪽
북쪽
땅 밟기
가슴 아픈 허리띠 풀어 놓고 넘어 봐

휴전선
내 지우개로
지워야지 싹싹싹

무지개 비밀

누가 누가 무지개 그리는 순서 알까
그건 그건 물방울만 알고 있는 일급비밀
보, 남, 파, 초, 노, 주황, 빨간색은 맨 나중에

그럼 그럼 지울 때는 어떤 색이 먼저일까
그것 또한 햇빛만 알고 있는 비밀이지
지울 땐 빨간색부터 슬그머니 사라지지

무지개의 모양은 정말로 반원일까?
아니 아니 그것도 둥근 지구 특급 비밀
일부만 볼 수 있어서 포물선을 그리지

풀들의 발자국

종종걸음 돌나물
잘잘잘 끌고 간 자리
사뿐사뿐 꽃다지
다문다문 남긴 자국
비 온 뒤
맨발의 죽순
성큼성큼 잘도 뛴다

담쟁이 발자국에 괴어 있는 땀방울
호박덩굴 기어간 곳 보름달이 뒹굴고
땅속을 밀고 간 땅콩
대지가 들썩들썩

밤송이 알밤송이

따가운 여름 볕에 짜증난 밤송이가
어금니 악 물고 가지마다 독을 쓰며
약 오른 고슴도치 - ㄴ - 양
찔러대요 콕 콕 콕

가을볕이 간지러워 웃고 있는 알밤송이
큰 입을 활짝 벌려 하얀 잇몸 드러내고
덧니가 튀어 나와도
좋아라고 히 히 히

언니랑 나랑

날마다 티격태격
다투면서 자라는

언니하고 나하고
알콩달콩 닮아가요

얄미운
언니의 모습
또 하나의 내 우상

걸림돌

시작종 소리 듣고
달려가던 내 친구
돌부리에 차이어
곤두박질치고 나서

걸림돌
홧김에 한 번 더
헛발질로 화풀이

걸림돌이 어디 있어?
네가 찼을 뿐인데

발에 차인 작은 돌이
얼마나 아팠을까

제자리
지키고 있던
돌부리만 억울해

내 이름

내 이름은 내 것인 데
내 것이 아닌가 봐
친구가 다정하게,
엄마가 사랑스레
부를 때
꼭 그럴 때만
더 신나는 내 이름

제 것인 양 꽁꽁꽁
숨겨둔 내 이름은
외톨이가 되어서
왕따 받는 느낌이죠
내 몸도
내 몸이지만
남 위하면 더 빛나

달님의 컴퍼스

밤하늘에 달님은 원 그리기 연습해요
오늘은 백팔십 도
반원을 그렸어요
다달이 삼백육십 도 동그라미 딱 한 번

달님의 컴퍼스는 쉬지 않고 돌아요
각을 맞춰 조금씩
지우기도 하지요
달님이 사라진 그믐, 별빛 더욱 찬란해

씨알

봄날의 화려함도
땡볕의 땀방울도

싱그런 풋과일과 농익은 열매까지

고 작은
씨알에 담긴
한살이 블랙박스

공놀이

해와 달의
공놀이에
오고가는 낮과 밤

동쪽 하늘
두둥실
서산 위에
휘영청

어쩌다
멀리 간 공은
그믐밤에
퐁당했나?

오고 가는
공놀이에
쑥쑥 크는 몸과 맘

밤에는
달을 품고
낮에는

해를 닮아

아이는 빛 바라기로
푸른 꿈을
꾸나 봐

민들레

1
동장군 물리친 꼬마 병정 민들레
늦추위 물렀거라! 단검을 휘두르며

샛노란
승전 방패로
봄 뜨락을 누빈다

봄 동산을 독차지한 새봄맞이 일등공신
포복의 자세로 꿈을 실어 쏘아올린

높이 뜬
민들레 홀씨
자축의 폭죽이다

2
잎샘바람 눈치 보며 인도 블록 틈새로
고개 쏘옥 내밀고 망을 보던 민들레 싹
칼바람
물리친 쌍검
노란 횃불 지폈다

저벅저벅 구둣발은 무심히 밟고 가도
아장아장 꽃고무신 살살살 피해가고
금빛 별
나비 한 쌍은
꽃머리에 앉는다

알알이 영근 소망 흰 왕관을 쓰고서
넓은 세상 밝히려고 솜털 같은 깃을 세워

고 작은
민들레 홀씨
꿈을 실어 나른다

꽃밭 일기

맨드라미 홰를 치며
'꼬끼오' 선잠 깨워

나팔꽃이 반갑게
아침 인사 방가방가

온종일
해바라기는
시간 맞춰 째각째각

울밑에 봉숭아는
귀엣말로 소곤소곤

키다리 코스모스
한들한들 손 흔들고

밤마다
달맞이꽃이
자장가로 쓰는 일기

해설

|해설|

테제의 선함과 친밀한 문체를 탐구하는 시학
— 박영권 시조선집 —

한분순
(한국시인협회 이사)

오늘날 예술에겐 일상이 주는 판타지가 새로운 강령이 되었다. 장식적인 은유가 아닌 친밀히 서술된 문체의 진가를 주시해야 한다. 일상이 애틋해진 시절이므로, 곁의 풍경을 특별하게 다룬 글에서 오히려 판타지가 충족된다.

시인은 반란을 쾌활히 해내야 한다. 내용과 형식이 그저 낯설게만 포장된 일탈과는 다르다. 본질을 관통하여 얻은 깨달음으로 쉽게 쓰는 것이 금세기에는 훌륭하게 극적인 기교이다. 독자들이 반가워하는 이야기를 정성스레 내놓음이 의미 있다. 읽는 이들이 서정의 흡족을 달성해야 되는 것이다.

문학 속에서 유일신 절대자는 작가이다. 글을 읽기 이전과

이후에 독자들 세계관이 달라지게 만들 만큼 정진해야 된다. 필력으로 창조하는 멋진 신세계는 감성의 낙원이다. 시인이 축성한 섭리는 모든 것에게 애정이 있음이다. 냉정히 구는 관찰자가 아닌 사교적인 탐구자로 사람과 사물을 대한다.

세월 잣는 물레질
나이테에 감기고

날줄 씨줄 엮어서
필로 펴는 삶의 무늬

결 세운
다듬이 소리
마름질한 치마폭

— 〈물레〉 전문

그리스 신화의 여신, 클로토는 실을 뽑아내어서 인간 운명을 만든다. 시인은 실에게 바늘과 같은 몫을 맡긴다. 우울을 꿰매며 심중의 '물레' 편직을 기쁨으로 짓는다. 여성 서사는 만물을 낳은 우주 기원이다. 레드스타킹 선언 이후 페미니즘은 여성 해방을 위하여 웅변해 왔지만, 개인이 심정적으로 동감할 공간은 일상에 건립된다. 생애를 반반하게 펴는 '다듬이' 함의는 의지력 상징이다. 신이 위치한 영역에 닿을 위엄이 있으면서 마냥 겸손히

평화로운 여성으로서의 자긍심이다.

'날줄 씨줄', 십자가처럼 완벽은 가로와 세로를 지닌다. 시조는 가로세로의 미학이다. 형식에 있어서, 3장 6구 12음보, 가로 방향으로 이야기를 하는 구와 음보가 세로 방향으로 이야기를 하는 초장 중장 종장으로 전개되는 다양체이다. 위에서 아래로, 세로 방향으로만 기술되는 것이 아니다. 가로 방향으로 증강 시킨 이야기가 선행된다. 시조를 넘어 다른 문학 장르들이 습득하면 좋을 구성이다. 세로의 기승전결로만 쓰는 글에 가로의 기승전결을 추가하는 것이다. 그 정교한 형식에 맞춰 시조를 쓰면 무슨 문장이든 잘 쓰게 된다. 초장 중장 종장, 완벽의 숫자 3장을 이루는 것은 여기저기 6구역을 유람하며 12음보로 산보하는 동적인 리듬이다. 운율은 인간의 유희 본능이 선호해 온 정서의 역사를 기반으로 하는 것이다. 시조는 문장을 기교적으로 풍요롭게 하며 본능적으로 심정을 공명 시키는 모든 작법의 기본이다.

> 낮추면 낮출수록
> 깊어만 가는 물길
>
> 흘리고 흘렀어도
> 넓어만 지는 강물
>
> 베푸니, 베푼 그만큼
> 깊고 넓은 사랑아

채근하지 않아도 제 깊으로 흐르고

굽이친 여울 물길 엉킬 줄도 모르나

찬만큼 비우려 드는 한결같은 그 사랑

— 〈꼭 그만큼〉 전문

은유를 축조하는 솜씨와 가독성을 적절히 섞는 균형 감각이 현대 문학에의 요청이다. 그런 현대인의 독서 취향에 연애시는 효과적이다. 동서양에서 세기의 명작들은 언제나 연애시를 닮는다. 정서적 특권이면서 사귀는 상대에게 성실을 의무로 하는 사랑의 형태를 '꼭 그만큼' 다룬다. 사랑을 신앙처럼 여기되 '찬만큼 비우려 드는' 특성을 간파하는 명료한 철저함이 있다. 요즘 들어서 글쓰기 시류는 선경과 후정을 버무려 놓는다. 그러나 시학의 정석은 선경후정 체계에서 나온다. 작법의 시소 게임 속에서 신선함과 안정감을 같이 충족 시킴은 시인의 몫이다.

정성스럽게 절대적인 감성력

무엇이든 경외하는 마음이 시편마다 들어 있어야 된다. 생활이든 풍경이든 간섭이 아닌 칭찬을 들려주는 것이다. 공동체 연대기를 다루는 넓음을 겸함은 시인의 사회적 임무이다. 그 과정에서 이지적 서사 스펙트럼이 축적된다. 명상과 창의로 생동력을 다루는 정취가 선명하다. 현자와 독자의 우월함을 서로 요량하려 들지 않으며, 그 본새를 겨루려는 야욕 없이 지성과 감각이 어우러진다.

형식은 상상력을 잡아 두는 테두리가 아니다. 너무 흐드러진 어휘를 정돈하면서 상상력에 조력을 주는 것이다. 시조에서 음절 수는 규율이 아닌 흐트러진 심상을 간추리는 기능이다. 형식이 있기에 그에 맞추면서 내용은 압축미라는 시의 완전성을 갖는다. 음보 외형을 굳이 드러내지 않으면서 자유시처럼 배행하며 숨은 리듬으로 내재 시키는 것은 시조의 현대성에 깃든 묘미이다.

인스턴트 즐거움이 시대 정신으로 되었다. 즉석에서 충족을 안겨야 하는 것이다. 저마다의 심미안이 생긴 독자들은 해석력이 있다. 그러나 갖은 자극의 멀티미디어들 속에서 문학마저 어지럽게 복잡함을 내밀면 친절하지 않다. 독자는 깊은 진리와 바로 읽힐 가벼움이라는 서로 다른 만족을 동시에 바란다.

> 마른 풀잎 사이로 세상 밖 엿본 새순
> 꽃샘추위 시샘에 오금도 못 펴더니
> 밤새껏 꽃비로 치장, 화사한 봄의 얼굴
>
> 봄볕은 슬금슬금 덧칠하며 따르고
> 짙푸른 풀 향기도 너울로 출렁이며
> 색색이 빛 부신 선율 귀를 밝힌 하모니
>
> ―〈봄 치장〉 전문

시조에게 형식은 문학적 은총의 형태이다. 말괄량이 같은 자율성에게 '봄 치장' 숙녀의 예법을 더하면서, 형식은 말괄량이 맵시마저 최대화 시킨다. 탁월한 연시조에서 각각의 시편은 이미지와 내러티브가 서로 균일한 듯이 새롭게 연계된다. 먼저 '꽃비로' 이야기를 펴놓으면 맥락을 '덧칠하며 따르고' 받는 것이다. 형식 운용이 은닉된 강점이라면 시절의 메타포로 꽃비를 취택함은 정방향의 피어오르는 꽃과 역방향의 내리는 비를 포개어 놓은 그 자체로 미학적 방점이 된다.

······(첫째 수 생략)

송정리에 뿌리내린 신앙의 겨자씨가
당신이 마련하신 희망리 마지기로
복음의 그 마중물로 길어 올린 사랑의 샘

선악이 갈마드는 은총의 통로 지나
신심의 보습으로 일궈놓은 이랑마다
연연이 십자나무에 새싹이 돋아나고

······(넷째 수 생략)

— 〈홍천성당〉 둘째 수, 셋째 수

타인을 존중하되 개인주의로 덮인 요즘이다. 시인은 지역 공동체의 귀함을 성의 있게 추스른다. 청정한 교양과 길손들이 어울리는 강원 홍천은 시인에게 영감의 제공처이다. 희망리에 있는 홍천성당 풍경처럼 그윽함의 예향에서 대하는 감응을 시편으로 지속 시킨다. 창작적 성과는 문장이되 마음을 움직이는 것은 결국 정감이다.

예술은 종교를 닮는다. 찰스 스윈번은 사랑을 봉헌하며 듀크 엘링턴에겐 스윙이 있어야 재즈이다. 그렇듯 예술가는 신심이 있든 어떻든 저마다의 교리를 소지한다. 종교에서는 킹 제임스 성경을 많이 읽지만, 각자의 성경을 쓰는 예의 바른 개인주의 시대를 맞이하며 인간에의 애정은 스스로와의 서약이다. 문학은 찰나의 계시와 천재의 영역이면서 목표는 인간애여야 할 것이다.

순수의 작법 속 이지적 기교

우아함의 순수를 지키되 세련된 적응을 하여 동시대에 어울릴 작법으로 나아가야 된다. 주도적 경향은 텍스트성에서 헤드라인으로 이동하는 것이다. 기승전결의 탄탄함에 더하여, 뉴스 헤드라인처럼 강렬하게 시선을 붙드는 문장을 작법에 있어서 우위로 여겨야 될 까닭이다. 총을 든 남자가 플롯을 살린다는 레이먼드 챈들러, 총과 여자가 등장하면 된다는 장 뤽 고다르, 작법의 멋은? 완전 무장을 하되 꽃을 지니는 것이다.

명문장은 영감으로부터 오는 것이면서 정성의 결과이므로,

탐구심이 잠재 의식에 쌓여 돋는다. 영감은 기다림이 아닌, 성심의 학습이 반영된 능동적 전리품과 같다. 문예 사조는 이미 다 완성되어 있다. 기어이 새로운 흐름을 만들기 앞서, 고전주의 질서든 낭만주의 개성이든 당대 트렌드였다가 클래식이 된 작법을 활용하면 된다. 그런가 하면 문예 사조 아닌 평자와 독자의 어느 쪽을 위하는 글을 쓸지 가늠하는 창작가들이 많다. 해석의 층위를 여러 겹으로 하여 평자가 개입할 여지를 늘릴지, 용이하게 직해되어 독자가 만족할 작품을 내밀지 그 방향을 선택해야 하는 것이다. 언제나 뜻있는 것은 기법의 신상품이 아닌 실존의 신식이다.

오늘따라 은행나무
까치 소리 요란하다
까치네 어미 까치
생일상을 차렸나
깍
깍
깍
먼 친척들이 예서, 제서 왔나 뵈.

……(둘째 수 생략)

— 〈까치 소리〉 첫째 수

기호화된 속성의 어휘가 '깍 깍 깍' 배행으로 탐독의 재미를 보태는 시편이다. 생기롭게 충일된 '까치 소리' 울림을 기운 생동의 그림처럼 표현하였다. 현대 문학에서 글은 쓰는 것이며 디자인되는 것이다.

알파벳 글씨와 이미지를 더하는 활자화의 구성은 이지도르 이주에서 브래드 필립스에 이르며 활발하다. 회화 요소와 언어가 중첩된 다면체를 보여 주는 것이다. 친숙의 일상에서 특별한 풍정을 포착하는 능란함은 필요하지만, 성과물로 율격의 묘미를 구현할 생각이 아니라면 시조 장르에 머무르지 않는 것이 낫다.

문단에 흔해진 멜랑콜리가 경쾌해질 해방은 내용과 더불어 형식으로 이룩된다. 최상의 자유시들을 살펴보면 근원에 시조 율격이 깃들어 있음을 잊지 않아야 할 것이다. 예술가는 열린 자율의 정점이되 상상력엔 낯가림이 있다. 문학에서 우울의 지위를 높게 여기는 것은 거기서 나오는 고양감이 창작을 도와서이다. 그 연민으로 감정적 요새만 쌓지는 않게 해서 타자에의 격려로 표현을 하며, 웃음이 존재 무게를 위로함을 직시하면서 우울의 편식을 벗어나야 된다.

생활 내러티브는 예술 혁신 오브제

시어의 위력은 즐겨 쓰는 낱말을 다루며 기존엔 쓰이지 않은 개념을 첨가하는 문학적 참신성에서 나오는 것이다. 그런 시어는 견해의 독특함을 갖춘 작가에게 다가온다. 개념에서 발상의 혁신으로 시인은 그만의 국어 사전을 보유한다. 보통의 일상을 환상으로 동경하게 된 시대, 평범에서 놀라움을 읽어 내는 것이 비범이다. 선함을 지속하되 메피스토펠레스적 악함을 탐람하는 습작마저 서슴지 않으면서, 스스로의 문법을 창조하는 신중한 용감함에 힘입어 시편은 진일보된다.

생활에서 대하는 시시콜콜한 것들의 소중함은 뉴욕에서의 요나스 메카스라든가 파리 스케치에서의 헤밍웨이가 선보였다. '너브내' 강원 홍천에서 시인은 그만의 풍경 서정을 계토한다. 볕을 선한 일꾼으로 갸륵히 칭술하며 넓은 내를 품으면서 '라온제나(즐거운 나)로 스스로를 일컫는 그 중용의 시심이 넉넉하다.

낱말마다 서운하지 않게 예우하는 것이 시인의 애틋함이다. 디테일이 좋은 문학 세계를 만든다. 예시를 들면, 격 조사에 있어서, 비교격이 있어야 될 자리에 동격을 놓는 것이다. 그 낱말의 우열을 나누는 비교격이 아닌 평등한 동격을 더하는 속 깊음이다. 곁들여 오만의 현학을 버린 철학을 문장에 넣는다. 수월히 읽히면서 공감과 감탄을 생산하는 것이다. 문학은 거대 우주의 이데아를 다룬다. 크나큰 뭔가를 이루어야만 하는 건 아니다. 문학의 목적은 행간마저 흐뭇한 성정을 갖추며 잘 읽히는 것이다.

1
동장군 풀리친 꼬마 병정 민들레
늦추위 끌렀거라! 단검을 휘두르며

샛노란
승전 방패로
봄 뜨락을 누빈다

봄 동산을 독차지한 새봄맞이 일등공신
포복의 자세로 꿈을 실어 쏘아올린

높이 뜬
민들레 홀씨
자축의 폭죽이다

2
잎샘바람 눈치 보며 인도 블록 틈새로
고개 쏘옥 내밀고 망을 보던 민들레 싹
칼바람
물리친 쌍검
노란 횃불 지폈다

저벅저벅 구둣발은 무심히 밟고 가도
아장아장 꽃고무신 살살살 피해 가고
금빛 별
나비 한 쌍은
꽃머리에 앉는다

알알이 영근 소망 흰 왕관을 쓰고서
넓은 세상 밝히려고 숨털 같은 깃을 세워

고 작은
민들레 홀씨
꿈을 실어 나른다

— 〈민들레〉 전문

작은 민들레의 여린 존립을 왕의 위력으로 묘사하는 양의성 활용이 유려한 시심이다. 홀씨는 사소하지만 바람의 비밀스러운 힘으로 생명력을 키워 낸다. 그 '자축의 폭죽'에는 잡것을 물리쳐 신성함을 들이려는 섣달그믐날 청죽놀이에서 내려온 서정이 깃든다. 은혜롭게 심정적 새해를 여는 것이다. 창작의 과정은 그렇다. 미물 앞에서 공손하며 충실하게 잠언을 만들어 은공이 쌓인다.

전편에 주제의 선함으로 풍경을 예접하는 친밀한 문체가 있다. 장르 경계를 넘나드는 문학적 의욕이다. 시학의 신전은 추상이 아닌 현존하는 대지 위에 세워진다. 휘파람 읊으면서 밝은 네온 달을 즐기며 풍류마저 포스트모던한 시대이다. 가속의 시절에 요요한 혜찰과 현상학으로 성취를 이룬 시세계가 오늘의 아름다운 신화가 된다.

계간문예시인선 169
박영권 시집 _ **박영권 시조선집**

초판 인쇄 2021년 10월 20일
초판 발행 2021년 10월 30일

지 은 이 박영권
회   장 서정환
발 행 인 정종명
편집주간 차윤옥

펴낸곳 도서출판 **계간문예**
편집부 03132 서울 종로구 삼일대로 30길 21 종로오피스텔 1209호
주소 03132 서울 종로구 삼일대로 32길 36 운현신화타워 305호
전화 02-3675-5633 팩스 02-766-4052
인쇄 54991 전북 전주시 완산구 공북1길 16, 신아출판사
이메일 munin5633@naver.com
등록 2005년 3월 9일 제300-2005-34호
ISBN 978-89-6554-247-6 04810
ISBN 978-89-6554-118-9 (세트)

값 10,000원

잘못 만들어진 책은 바꾸어 드립니다.
이 시조선집은 (재)홍천문화재단 지원금으로 출간되었습니다.